8° V 36
2a 22

CATALOGUE

D'UNE COLLECTION

DE TABLEAUX

DES DIFFÉRENTES ÉCOLES,

Dont la Vente, au plus offrant dernier enchérisseur et au comptant, se fera les lundi 28 et mardi 29 juillet présent mois, après avoir été exposés publiquement, depuis 11 heures du matin jusqu'à 3 de relevée, pendant les trois jours qui précéderont celui de la Vente.

On indiquera incessamment, par la voie des Petites-Affiches, le local où l'on fera l'exposition publique et la Vente.

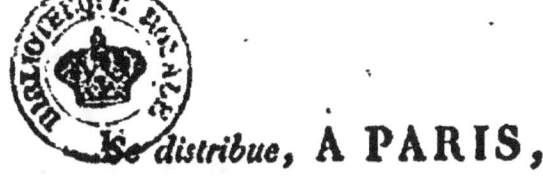

Se distribue, A PARIS,

Chez MM. { H. DELAROCHE, rue des Petits-Augustins, n° 20;
GENDRON, Commissaire-priseur, rue Saint-Pierre-Montmartre, n° 10.

1817.

CATALOGUE
DE TABLEAUX
DE DIFFÉRENTES ÉCOLES.

A.

Amorosi (*Antonio*).

1. T. l. 54, h. 22 pouces.

Deux Amours dans un fond de paysage entièrement sacrifié, jouent sur le gazon; l'un présente une pomme à l'autre. Morceau d'une exécution facile, d'une couleur agréable, et dont les figures ont beaucoup de relief. Il est d'un peintre peu connu, mais qui mérite de l'être. Voir l'ouvrage de l'abbé Lanzi, *Storia pittorica della Italia*, tom. 1, p. 571.

Aelst (Van, 1665).

2. T. l. 27, h. 22 pouces.

Un melon, des prunes de différente espèce, et autres fruits artistement groupés sur une table de pierre. Morceau dont la vérité, jointe au mérite de l'exécution, contribue à le présenter comme une production distinguée de son auteur, dont les grandes compositions sont très-rares.

Absoven.

3. B. de forme ovale, h. 9, l. 7 pouces.

Un Ermite assis dans une grotte, tient un livre, et a

le regard fixé sur un crucifix. Petit morceau d'une bonne couleur, dans le goût de *D. Teniers.*

B.

Baroche (*Frédéric*).

4. T. h. 35, l. 27 pouces.

S. François recevant les stigmates, est en extase devant un crucifix. Cette figure se détache sur un fond de rocher ouvert, d'où l'on découvre un riche lointain de pays. *Baroche* a particulièrement traité des sujets de dévotion, et y a excellé. Celui que l'on vient de décrire se fait remarquer non-seulement par la beauté d'expression de la figure du Saint, mais encore par la fraîcheur du coloris et la correction du dessin.

Bassan (Le).

5. T. l. 67, h. 45 pouces.

Très-beau pays avec lointain de hautes montagnes, éclairé par un ciel chaud indiquant le coucher du soleil, dont on distingue encore les rayons. Les devans de ce tableau, dans une demi-teinte admirable, et d'une dégradation de ton que pouvait seul sentir et exécuter un habile coloriste, offrent les détails d'une maison de campagne, dont le péristyle donne sur un parterre émaillé de fleurs. De ce côté, sur différens plans, quelques gens de la maison sont occupés à divers travaux de la campagne, et nombre d'oiseaux et animaux de basse-cour peuplent cette partie, qui est en opposition à un bouquet d'arbres indiquant l'entrée d'un bois, où l'on aperçoit des baigneuses. Du même côté, en premier plan, le peintre a placé diverses figures de chasseurs et des chiens indiquant un épisode de la vie de *S. Hubert.* Les chiens lèchent les plaies du cerf que l'on voit couché, la tête tournée du côté de *S. Hubert.* Ce tableau, d'une couleur au-dessus de tout éloge, et dont toutes les teintes sont aussi justes qu'harmonieuses entre elles, présente le chef-d'œuvre du clair-obscur.

PAR LE MÊME.

6. T. h. 59, l. 38 pouces.

Portrait d'un empereur dans un riche costume militaire, ajusté d'un large manteau rouge, et appuyé sur son bâton de commandant; sa tête, vue de profil, offre un grand caractère. Ce tableau, d'une belle couleur, convient à l'ornement des hauts de cabinet.

BOURDON (S.).

7. T. forme ovale, h. 22, l. 18 pouces.

Un homme de robe vu à mi-corps, la tête de grand trois-quarts, et vêtu d'un habillement noir à manches ouvertes, avec large collerette de dentelle. Portrait frappant de vérité, d'une grande finesse de ton, et d'une exécution ferme et soignée.

BRIL (P.).

8. C. l. 12, h. 8 ½ pouces.

Point de vue de paysage, occupé sur la gauche par un massif de grands arbres, en opposition à un riche lointain de monumens et édifices; sur le premier plan, du même côté, est le sujet de la Fuite en Égypte, dont les figures sont attribuées au pinceau d'*Annibal Carrache*.

BREUGHELS ET VAN BALEN.

9. B. l. 34, h. 25 pouces.

Point de vue d'une belle campagne avec terrain sur le devant couvert de fleurs et arbustes, au milieu desquels on voit Vénus et l'Amour. Tableau d'un détail séduisant et agréable, d'un coloris brillant et d'une exécution précieuse.

BOL (F.).

10. T. h. 46, l. 58 pouces.

Le sujet intéressant d'une Mère adressant à Dieu sa prière au lever de l'aurore; et semblant par son exemple enseigner cette pratique religieuse à ses deux enfans, dont le plus âgé a les mains jointes. Le caractère de ses traits rappelle le petit Samuel du chevalier Reynolds, qui était dans la fameuse collection Robit.

Les amateurs distingueront sans doute ce tableau recommandable par la grâce et l'expression des figures, ainsi que par l'exécution, et cette force de coloris digne de l'école de *Rembrandt*, dont *F. Bol* fut élève.

BARABAND (d'*Aubusson*).

11. T. h. 27, l. 22 pouces.

Un Perroquet à ventre et gorge rouge, un autre d'un plumage vert à collier jaune, sont groupés avec un troisième oiseau sur un tronc d'arbre en grande partie dépouillé de ses feuilles, où l'on voit un chardonneret perché sur une des branches. Ces oiseaux ressortent dans tout l'éclat de leur plumage, sur un fond de ciel sacrifié. Un encadrement peint par le même auteur, et composé d'arabesques en bronze, avec quatre griffons et autant de bustes à l'imitation des camées antiques sur sardoine onix, ajoute à la richesse de ce tableau, qui offre la représentation la plus exacte de la nature, dans le brillant et le velouté du plumage des oiseaux.

C.

CAVÉDONE (*J.*).

12. T. h. 68, l. 58 pouces.

Le Sacrifice d'Abraham : ce patriarche est prêt d'immoler son fils, lorsqu'il est arrêté par l'ange qui lui montre le bélier qui doit remplacer sa victime.

Ce tableau du plus grand caractère et digne de faire l'ornement d'une galerie, est en mauvais état; mais une restauration sage lui rendra tout son éclat, et découvrira toutes les perfections qui distinguent ordinairement les premiers ouvrages de ce grand peintre, qui fut pendant son temps l'égal d'*Annibal Carrache*.

CARRAVAGE (*Michel-Ange de*).

13. T. h. 48, l. 36 pouces.

Le sujet de la Charité romaine. *Cimon*, vieillard romain, avait été condamné par le sénat, pour quelque crime, à mourir de faim dans les fers; mais sa fille qui avait la liberté de le venir voir, le fit subsister quelque temps, en lui donnant à sucer son propre sein : les juges, informés de cette piété touchante, firent grâce au père en faveur de la fille. Cimon, les mains chargées de chaînes, et assis sur une pierre, s'empresse de prendre la nourriture qu'il doit à l'amour filial; sa fille, penchée sur lui, jette ses regards du côté de la porte d'entrée, et ses traits peignent sa tendre inquiétude.

Cette production est du nombre de celles qui doivent fixer l'attention du moraliste comme de l'amateur de peinture; le premier se sentira ému de compassion pour le vieillard condamné à mourir de faim, et éprouvera un sentiment d'admiration et de respect pour sa fille; le second y admirera l'imitation de la nature, le suave du pinceau, la beauté de la couleur, et cette entente parfaite de clair-obscur qui a mis Michel-Ange de Carravage au premier rang des coloristes. Nous croyons, sans crainte d'être contredit, ce tableau digne d'orner la plus belle galerie.

PAR LE MÊME.

14. T. h. 21, l. 16 pouces.

Un Personnage de distinction dans un habillement d'étoffe noire ornée d'un galon d'or, vu en buste, la tête tournée de trois quarts et ajustée de cheveux noirs; il porte moustache et barbe courte. Portrait plein de vie et d'expression, d'un pinceau ferme et hardi, ainsi que d'une grande force de couleur.

CANO (*Alonso*).

15. T. h. 20, l. 15 pouces.

La Salutation angélique. A droite du spectateur, la

Vierge à genoux à son prie-dieu, se retourne vers l'ange qui lui apparaît au milieu d'une gloire de chérubins; il a la main sur son cœur. On distingue dans le haut du tableau, du même côté, le Père Éternel assis sur des nuages, appuyé sur la boule du monde, et jetant un regard sur la Vierge. Ce sujet, traité avec autant de goût que d'esprit, est encore remarquable par la richesse des détails, la suavité de la couleur, et la finesse du pinceau.

CIRO (*Ferri*).

16. T. de forme ovale, h. 27, l. 21 pouces.

La Vierge assise et entourée de nuages, tient sur ses genoux son divin Fils, qui d'une main tient une couronne, et de l'autre, la palme que lui offre Ste.-Marguerite. Jamais élève n'a plus approché de son maître; même style de composition, mêmes caractères de figures, et mêmes draperies. Ce tableau de chevalet est d'une couleur brillante et d'une exécution soignée.

CANALETTI (*Ant.*).

17. T. l. 40, h. 25 pouces.

Deux différens points de vue : l'un offrant l'entrée de Rome, l'autre, une place de Venise, et tous deux ornés de monumens et édifices publics, avec nombre de figures qui ajoutent à leur intérêt comme à leur richesse. Ces deux tableaux, que l'on doit mettre au nombre des productions les plus capitales de ce fidèle imitateur de la nature, méritent de fixer l'attention par l'immensité des détails, la facilité de l'exécution et le brillant du coloris.

CORRÉGE (*d'après le*).

18. T. h. 30, l. 23 pouces.

Jupiter et Io; le sujet de ce tableau, et le tableau lui-même étant très-connu, on n'entrera dans aucun détail; on se contentera d'annoncer que cette copie joint à la suavité du pinceau un ton de couleur séduisant.

Cuyp (*Albert*).

19. B. h. 20, l. 15 pouces.

Intérieur d'église éclairée de jour, par un effet piquant de soleil, et enrichi de figures touchées avec goût. Les masses avancées des piliers dont cette église est soutenue, sont tellement bien senties, et les clairs y sont distribués avec tant d'art, que l'œil jouit de l'illusion la plus complète. En général, ce tableau présente une exécution moelleuse, et une grande transparence de couleur.

Cabel (*Vander*).

20. T. l. 32, h. 28 pouces.

Vue d'un Site baigné par une large rivière de l'eau la plus limpide, sur laquelle est un pont d'une seule arche. La droite offre un terrain élevé avec bouquet d'arbres et diverses constructions appuyées contre une chaîne de montagnes; la partie du côté opposé, est un rocher couronné de fabriques. Sur le devant, deux pêcheurs retirent leurs filets; et au milieu, dans l'éloignement, on distingue une barque et d'autres pêcheurs. Tous les détails de ce tableau peint à l'imitation des ouvrages d'*Asselyn*, sont éclairés par un ciel chaud et largement nuagé, indiquant le coucher du soleil.

D.

Durer (*Albert*).

21. T. h. 52, l. 41 pouces.

La Descente de Croix, composition de huit figures, proportion de demi-nature. Le Christ, détaché de la croix, est soutenu par Joseph d'Arimathie, et reçu par la Madeleine, que l'on voit derrière la Vierge qui baise la main de son fils. S. Jean et les saintes femmes en pleurs, assistent à cette scène de douleur. Ce tableau, recommandable par la naïveté des caractères, la vérité des expressions et la simplicité des attitudes, l'est encore par la beauté de la couleur et le précieux de l'exécution jusque dans les moindres détails. Tous les amateurs connaissent la rareté et le prix que l'on met aux productions d'*Albert Durer*, regardé à juste titre comme le fondateur de l'école allemande, et dont les grands talens, comme peintre et graveur, lui méritèrent l'estime et l'amitié de *Raphaël*, qui lui fit même présent de son portrait.

Devos (S.).

22. C. l. 16, h. 11 pouces.

Daniel dans la fosse aux lions. Ce saint, au milieu de la composition, un genou en terre et les mains jointes, élève ses regards vers le ciel, où l'on distingue des rayons qui annoncent la protection céleste qui lui est accordée; il est environné de lions et de lionnes, dont l'air féroce et les rugissemens forment un contraste heureux avec sa résignation. Petit tableau d'un coloris brillant et vigoureux, dont les animaux sont touchés avec autant d'esprit que de facilité.

De Champaigne (Ph.).

23. T. de forme ovale, h. 29, l. 23 pouces.

Portrait à mi-corps d'une dame de distinction dans le costume d'une religieuse : elle est assise dans un fauteuil d'étoffe cramoisi, appuyée contre une table couverte de même étoffe, et tenant un livre. Cette figure se détache sur un fond de rideau de couleur orange, qui découvre à gauche un fond de paysage artistement sacrifié. La tête, pleine de vérité, bien modelée, et d'un beau pinceau, répond par la beauté de l'exécution à celle des mains qui sont correctement dessinées. Quant aux étoffes et aux autres détails du tableau, ils sont rendus avec une telle fidélité, qu'ils font illusion. En général, on doit classer ce portrait dans le nombre de ceux qui ont fait le plus d'honneur à *Ph. de Champaigne*.

DE BLOOT (*P.*).

24. B. l. 30, h. 21 pouces.

Point de vue d'un site de Hollande traversé par une rivière, où l'on voit au milieu, sur un monticule frappé par un rayon de soleil, un moulin à vent. La partie gauche offre un massif d'arbres d'où l'œil se porte sur la rive opposée, enrichie de diverses constructions. Tous les détails de ce site se détachent sur un ciel nuageux, indiquant le moment d'un orage. Sur le devant, dans un effet de demi-teinte vigoureux, on voit une barque chargée de passagers, qui tournent la vue du côté où sillonne la nue. Morceau d'un effet piquant, et de la plus belle entente de clair-obscur.

DEHEEM (*J.-D.*).

25. B. l. 30, h. 17 pouces.

Les débris d'un déjeûner groupés, avec une coupe, un verre et d'autres ustensiles, sur une table couverte d'une nappe. Tableau bien peint, et d'une grande transparence de couleur.

DOW (*d'après*).

26. B. h. 11, l. 8 pouces.

Une vieille, sur l'appui de sa croisée, tient une chandelle dont la lumière frappe sur son visage. Petit morceau aussi précieusement exécuté que bien entendu d'effet.

E.

EVERDINGEN (*Ald.* Van, 1668).

27. T. l. 26, h. 19 pouces.

Un site pittoresque offrant à droite un énorme rocher taillé à pic, et couronné de diverses constructions dont plusieurs sont en ruines; une source d'eau y tombe en cascade, et forme sur le devant une rivière, où l'on voit des blanchisseuses, deux conducteurs de chariots qui la passent à gué, ainsi que quelques bestiaux. La rive opposée présente une plaine terminée par un massif d'arbres, derrière lequel s'élèvent des coteaux. Ce tableau, d'un beau faire, d'une grande vérité d'effet, d'une couleur excellente, et dont les figures et les animaux sont d'un bon genre de dessin, est digne en tout de faire le pendant d'un beau *Ruisdael*.

EHRENBERG (*W.*, 1660).

28. T. h. 30, l. 21 pouces.

Vue extérieure d'un palais de la plus riche architecture, orné de colonnes de différens marbres précieux, et décoré de statues et bustes. On y remarque au-dessus d'une figure de Minerve un trophée d'armes, avec un écusson au dauphin, et portant cette devise : « *Honi soit qui mal y pense* », qui indique le palais d'un chevalier de l'ordre de la Jarretière. Plusieurs figures de la main de *D. Teniers* augmentent encore le prix de ce tableau, dont la fraîcheur de coloris répond au précieux de l'exécution.

F.

FOUQUIÈRES (*J.*).

29. B. h. 12, l. 8 ½ pouces.

Paysage en hauteur, baigné par une rivière, dont la gauche est occupée par un monticule surmonté de grands arbres, d'où l'œil se porte sur un lointain de montagnes ; le devant est orné de figures offrant le sujet du baptême de Jésus par S. Jean.

FRANCK (*S.*).

30. C. l. 13, h. 10 ½ pouces.

L'Adoration des Rois ; la Vierge assise à la gauche de la composition, ayant auprès d'elle S. Joseph debout, présente son fils aux rois, dont un, prosterné devant lui, offre ses présens. Deux pages et les personnes de la suite des rois, contribuent à la richesse de ce tableau, dont la brillante couleur répond au soigné de l'exécution.

G.

GUIDE (*Reni le*).

31. T. h. 24, l. 18 pouces.

S. Paul vu à mi-corps, tenant son épée de la main gauche. Sa tête, vue de trois quarts, est ajustée de longs cheveux grisâtres, qui descendent sur ses épaules et vont rejoindre sa barbe; il est vêtu d'un large manteau d'étoffe jaune. Ce morceau de caractère, d'un beau modelé dans la tête, et d'un pinceau large, est aussi d'une couleur vigoureuse. Il paraît nous offrir une étude pour une de ses grandes compositions.

MÊME ÉCOLE.

32. T. l. 26, h. 21 pouces.

L'Enfant Jésus, entièrement nu, est couché sur la terre, la tête appuyée sur une tête de mort. Cette jolie figure, dont la pose offre d'heureux raccourcis, ressort, dans le ton le plus lumineux, sur un fond de paysage couvert de grands arbres, dont le ton sacrifié et bien entendu d'effet fait valoir la figure.

GIORDANO (*Lucas*).

33. T. l. 30, h. 21 ½ pouces.

Deux nymphes chasseresses en repos et surprises dans leur retraite par deux faunes; une d'elle est encore endormie, et l'autre se lève avec précipitation. Trois chiens, des carquois, diverses draperies, et un beau fond de paysage, ajoutent à l'intérêt de cette composition, dont le brillant de la couleur répond à la facilité de l'exécution.

Greuze (J.-B.).

34. T. h. 15, l. 12 pouces.

Buste d'une jeune fille dans le costume villageois. Sa tête, vue de trois quarts, est inclinée sur l'épaule droite, et ajustée de cheveux blonds recouverts d'un petit béguin noir. Cette jolie tête, pleine de vie et d'expression, et d'une exécution ferme et spirituelle, est l'étude que l'auteur a faite pour la sœur de l'accordée de village; sujet de tableau que l'on voit au Musée, n° 69 du livret.

Gallé (G.).

35. T. h. 31, l. 24 pouces.

Deux tableaux de nature morte, offrant divers oiseaux du plus beau plumage artistement groupés sur des tables avec des fleurs. Morceaux d'une grande richesse de détails, et d'un vrai mérite par la facilité de l'exécution et le brillant de la couleur.

Gresly (G.).

36. T. h. 29, l. 23 pouces.

Une villageoise occupée à filer s'est endormie en travaillant. Ce sujet, simple et naturel, est rendu avec beaucoup de vérité, et offre nombre de détails touchés avec autant de soin que de précision.

H.

Helmont (Van).

37. T. h. 18, l. 15 pouces.

Intérieur d'estaminet où l'on voit assis à une table, posée sur un tonneau, deux paysans qui jouent aux cartes; au milieu d'eux, une femme tient un pot de bière; et derrière, deux de leurs compagnons regardent attentivement le jeu, tandis que le maître du logis écrit la dépense sur une planche. Divers ustensiles de cabaret; vases, chandeliers, bouteilles, pot à feu, les uns accrochés à la muraille et les autres sur une planche, forment une grande richesse dans ce tableau, dont les caractères de tête, la couleur, et l'exécution spirituelle, le rapprochent beaucoup des productions de *D. Teniers.*

Heil.

38. C. h. 6 ¼, l. 5 ½ pouces.

Point de vue de paysage avec riche lointain d'édifices et monumens, indiquant une ville. En premier plan, sur un tertre élevé couvert de plantes, arbustes et broussailles, s'élève un gros arbre dont le feuiller se détache sur le ciel d'un soleil couchant; du côté opposé, est un rocher surmonté d'une tour. Tableau d'un pinceau précieux, offrant des détails intéressans.

Hooft (*J.*).

59. B. l. 59, h. 27 pouces.

Entrée d'un village, offrant au milieu, sur un terrain sablonneux baigné par une marre, une maison rustique entourée d'arbres, au-dessus desquels s'élève un clocher. Des voyageurs en chariot, et quelques figures sur différens plans, ajoutent à la richesse de ce site remarquable par la vigueur du coloris et la fermeté de l'exécution.

L.

Le Brun (*Ch.*).

40. T. h. 16 ¼, l. 13 pouces.

La Madeleine dans le désert. Elle y est représentée assise, la main gauche sur sa poitrine, les cheveux en désordre, les yeux baignés de larmes et élevés vers le ciel, dans l'expression du repentir. Une tête de mort et un vase de parfums sont les seuls accessoires de ce tableau, dont le ton mystérieux convient au sujet.

D'APRÈS LE MÊME.

41. T. l. 42, h. 28 pouces.

La Tente de Darius, copie précieuse, exacte et faite dans le temps d'après une des plus belles productions en peinture de l'école française.

LALLEMAND.

42. T. l. 43, h. 29 pouces.

Riche point de vue d'un Site de Rome; à gauche sur un terrain montueux, l'on voit différentes ruines dont celle du Colysée ; cette partie est en opposition à un vaste lointain de campagne baigné sur le devant par une rivière où des pâtres viennent abreuver leurs troupeaux. Ce paysage, d'un détail intéressant, est couvert çà et là de quelques arbres, dont le feuiller se détache avec vigueur sur le ciel chaud d'une soirée d'été. Morceau d'une exécution large et facile, ainsi que d'une brillante couleur.

LOUTHERBOURG.

43. T. l. 15, h. 12 pouces.

Etude d'un Taureau gravissant un monticule. Cet animal, d'un dessin correct et d'une exécution ferme et hardie, ressort avec vigueur sur un fond de muraille artistement sacrifié.

M.

MURILLO (B. E.).

44. T. l. 30, h. 22 pouces.

Cette composition paraît indiquer le moment où David berger, gardant son troupeau dans la campagne, est frappé et en extase à la vue d'une gloire d'Anges et de Chérubins qui lui apparaît dans le ciel, et semble lui annoncer la protection de Dieu. Un des Anges tient un encensoir, et les autres environnent un soleil d'où partent de vifs rayons de lumière. Ce tableau offre toutes les perfections reconnues dans les ouvrages de *Murillo*, le moelleux et la fraîcheur du pinceau, la variété des carnations, une exécution facile, et l'intelligence la plus parfaite de clair-obscur.

MOLA (*François*).

45. T. l. 27, h. 15 pouces.

Andromède attachée à un rocher qui s'élève au milieu de la mer, au bord de laquelle, à droite de la composition, on voit sa famille éplorée à la vue du monstre qui doit la dévorer. Persée, du côté opposé dans les airs, s'apprête à le combattre et lui montre la tête de Méduse. Petit tableau d'un pinceau précieux et d'une belle fonte de couleur, d'après le même sujet de la galerie Farnèse, peinte par *Ann. Carrache*.

MIGNARD (*Pierre*).

46. T. h. 17, l. 14 pouces.

Madame de Sévigné, vue jusqu'au buste, la tête de trois quarts et ajustée de cheveux blonds qui retombent en boucles sur ses épaules. Portrait d'une grande vérité de carnation, d'une couleur séduisante et du fini le plus précieux. Il paraît avoir servi de modèle au célèbre *Pétitot*, pour ceux qu'il a peints sur émail.

PAR LE MÊME.

47. T. l. 52, h. 26 pouces.

Le sujet de Moïse sauvé des eaux; copie soignée d'après Raphaël.

MOL (*Ad. V.*).

48. T. h. 18 $\frac{1}{2}$, l. 14 $\frac{1}{2}$ pouces.

Jésus-Christ prêt d'être enseveli, est entouré de la Vierge, dont le regard est élevé vers le ciel; de S. Jean qui soutient le corps du Sauveur; de la Madeleine prosternée à ses pieds; de Joseph d'Arimathie et des Saintes

Femmes; le corps du Christ ressort sur le linceul q[ui]
doit le couvrir. Ce petit tableau, d'une belle couleu[r,]
d'un effet piquant, et d'une exécution précieuse, off[re]
aussi de beaux caractères de têtes.

MARTIN.

49. T. l. 31, h. 20 pouces.

Louis XIV aux approches d'une ville dont il fa[it]
le siège, et où il donne des ordres à ses généraux. O[n]
aperçoit dans le lointain, sur la gauche, un combat [de]
cavalerie; morceau d'une brillante couleur, à l'imitati[on]
de *Vander Meulen*.

MIEL (*Jean*).

50. T. l. 24, h. 17 pouces.

Site d'Italie à l'effet d'un soleil couchant; le peint[re]
y a placé des brigands qui, en embuscade derrière u[ne]
grande fabrique, attaquent et tuent des voyageur[s.]
Tableau d'un effet piquant, d'une grande force de co[-]
loris, et d'un pinceau soigné.

MANS (*F.*).

51. T. h. 8 ½, l. 7 ½ pouces.

Reste d'une porte de ville où passe un homme con[-]
duisant deux mulets. Sur le devant, à droite, est u[n]
groupe de quatre villageois, dont une femme avec deu[x]
enfans. Petit morceau d'une touche spirituelle.

MIREVELT (*Mich. Samson*).

52. B. h. 7, l. 6 pouces.

Deux personnages de distinction, homme et femm[e]
vus à mi-corps, dans le costume du temps; portrai[ts]
d'une touche précieuse, et d'une belle couleur.

N.

NATTIER (*M.*).

53. T. h. 29, l. 24 pouces.

Un Personnage vu à mi-corps dans un costume asiatique. Portrait d'un pinceau soigné, et d'un bon effet de couleur.

P.

PIOMBO (*Sébastien del*).

54. B. de forme octogone, h. 25, l. 16 pouces.

S. Jean représenté à mi-corps, tenant un bâton de la main gauche. Sa tête tournée de trois quarts avec courte barbe, est ajustée de longs cheveux tombant sur ses épaules, que recouvre une draperie jaunâtre. Cette figure du plus grand caractère, et d'une exécution fière et hardie, offre encore le grandiose des formes, et le style mâle et vigoureux de *Michel Ange*, dont Sébastien fut un des principaux élèves.

PRIMATICE (*F.*), d'après *André del Sarte*.

55. T. de forme ronde, diamètre 31 pouces.

Un sujet de la Sainte-Famille. On voit, au milieu de la composition, la Vierge assise, tenant l'Enfant Jésus sur ses genoux; il regarde le spectateur. Derrière elle est S. Joseph appuyé sur son bâton, et parlant à Sainte Anne qui tient pareillement S. Jean sur ses genoux. Cette belle copie est d'autant plus précieuse qu'elle rappelle le caractère des figures de l'original, et qu'elle réunit au précieux de l'exécution, un ton de couleur suave et harmonieux.

PARMESAN (de son école).

56. T. h. 12 $\frac{1}{2}$, l. 8 $\frac{1}{2}$ pouces.

Sainte Marguerite ou Bibianne debout, appuyée sur

une colonne, tenant de la main droite une palme, et le regard élevé vers le ciel. Cette figure, dont la pose est gracieuse et d'un bon ajustement de draperies, est attribuée, par quelques connaisseurs, au cavalier *Bernin*, qui fut tout à la fois architecte, statuaire et peintre.

PERRIER (*François*).

57. T. l. 50, h. 28 pouces.

Composition de neuf figures principales, offrant un sujet intéressant de charité. Une femme de moyen âge distribue de l'argent à plusieurs pauvres, dont deux prosternés témoignent leur reconnaissance. Cette dame est accompagnée de sa jeune fille, représentée le front couronné de roses, avec de longs cheveux tombant sur ses épaules, ainsi que d'un personnage respectable qui est debout les mains jointes, dans l'attitude de la prière. Près de ce groupe, dans un plan reculé, sont d'autres infortunés, parmi lesquels on remarque une mère tenant son enfant dans ses bras. Cette scène se passe sur le devant d'un riche paysage traversé par un lac, où l'on distingue une barque avec trois passagers. Quelques figurines dans l'éloignement, et divers édifices, ajoutent à la richesse de ce tableau, dont la sagesse de composition, la correction du dessin et la sévérité des caractères, rappellent le style de *N. Poussin*.

R.

ROSE (*Salvator*).

58. T. h. 49, l. 35 pouces.

Un Anachorète vu jusqu'aux genoux, qui sont couverts d'une draperie de laine, et le corps nu jusqu'à la ceinture. Il a la tête appuyée contre une grande croix de bois et semble près d'expirer. Près de lui, à la gauche du tableau, est une tête de mort. Étude d'une belle couleur et d'une grande facilité d'exécution.

RAPHAËL (de l'école de).

59. T. h. 35, l. 28 pouces.

Dans un paysage agreste, la Vierge assise tient sur ses genoux l'Enfant Jésus, qui donne sa main droite au petit S. Jean qui est debout devant lui. Plus loin, en plan très-reculé, l'on remarque S. Joseph qui conduit l'âne. Ce tableau, d'une couleur suave, d'une exécution soignée, et dont les attitudes sont gracieuses, offre les caractères de l'école de Raphaël.

RUBENS (de l'école de).

60. T. h. 40, l. 34 pouces.

Le Christ crucifié est entouré de la Vierge, de S. Jean, et de la Madeleine qui est à genoux au pied de la croix. Des deux côtés de la composition, en second plan, sont deux patriarches, et sur le devant l'on remarque deux personnages à genoux, qui sont les donateurs de cet *ex voto*.

Morceau d'une belle couleur, et digne en tout de cette belle école.

RYSBRAECK (P.).

61. T. l. 42, h. 30 pouces.

Riche site traversé par une rivière sur laquelle est un pont d'une seule arche. La partie droite est occupée par quelques maisons rustiques ombragées d'arbres, dont le plus grand s'élève et se détache sur un ciel largement nuagé, et sert de repoussoir à un lointain montagneux. Une barque où sont trois pêcheurs, et d'autres figures placées sur différens plans, ornent cette composition, dont l'aspect imposant rappelle les beaux paysages de *N. Poussin*.

S.

SCHUT (C.).

62. T. h. 44, l. 57 pouces.

Un sujet de Sainte Famille. La Vierge plus qu'à mi-corps, et assise, donne le sein à l'Enfant Jésus; près d'elle S. Joseph fait la lecture. Tableau d'une exécution facile, et d'un coloris clair et lumineux.

Storck (Ab.).

63. T. l. 25, h. 17 pouces.

Point de vue d'une rade. La mer est couverte de différens bâtimens, parmi lesquels on remarque un vaisseau de ligne en partie garni de ses voiles; sur le devant à gauche, est une barque remplie de passagers : le fond de la composition offre tous les détails d'une grande ville, qui paraît être Amsterdam. Ce morceau, éclairé par un ciel largement nuagé, d'un effet juste de perspective, d'un détail immense et intéressant, ainsi que d'une exécution très-soignée, est aussi d'une couleur suave et argentine.

T.

Trévisan (F.).

64. T. h. 30, l. 24 pouces.

La Vierge, ajustée d'une tunique rouge, recouverte d'un ample manteau bleu, la tête inclinée et les yeux baissés, tient son fils dans ses bras, et le serre contre sa poitrine. Tableau plein de grâce, d'une belle pâte, et d'un coloris séduisant.

Par le même.

65. T. h. 26, l. 21 ½ pouces.

Le Portrait d'un cardinal, le corps vu de profil et la tête tournée de trois quarts, tenant une lettre à la main. Ce tableau, d'une grande vérité d'expression, et dont les détails sont rendus avec soin, est aussi d'une belle couleur et d'un pinceau suave.

Teniers (D.).

66. T. marouflée sur bois, l. 36, h. 35 pouces.

L'Adoration des Rois, composition de quinze figures.

La Vierge au milieu, et assise auprès d'anciennes constructions, présente son divin fils aux hommages des Rois, dont un est à genoux. Plusieurs personnages de la suite des trois Rois et un page, portant un riche coffre contenant les présens, complètent cette composition, que l'on peut regarder comme un chef-d'œuvre de son auteur, et une preuve incontestable de son grand talent à imiter la touche et le coloris des plus grands maîtres italiens. Ce tableau, fait à l'imitation de *Paul Véronèse*, a toute la force et le brillant de son coloris; et je me plais à répéter ici ce que disait un grand connaisseur devant ce tableau : « Si *Paul Véronèse* » pouvait revenir et voir ce tableau, il serait fier de s'en » dire l'auteur ». C'est le plus bel éloge qu'on en puisse faire.

THULDEN (*Théodore Van*).

67. B. l. 35, h. 20 pouces.

Près la lisière d'un bois, dans un terrain sablonneux, deux valets tiennent en laisse plusieurs chiens, qu'ils dirigent vers une hauteur où l'on distingue un chasseur à cheval. Un massif de grands arbres se détache avec vigueur sur un ciel nuageux. Morceau d'un effet piquant, d'une belle couleur, digne de l'école de *Rubens*.

THÉAULON.

68. B. h. 7, l. 6 pouces.

Femme à mi-corps, la tête nue, vue de grand, trois quarts, et les cheveux arrêtés par un ruban bleu. Petit morceau d'une couleur vraie et facilement touché.

TITIEN (d'après LE).

69. T. h. 36, l. 26 pouces.

Le Martyre de S. Pierre Dominicain. Cette copie, de petite proportion, outre son mérite particulier, devient encore plus précieuse depuis la perte du grand tableau qui décorait autrefois le Musée.

D'APRÈS LE MÊME.

70. T. h. 29, l. 24 pouces.

La Madeleine représentée à mi-corps, la main droite sur sa poitrine, en partie couverte par sa longue chevelure blonde; près d'elle, à gauche sur le devant est le vase de parfums. Cette figure se détache dans le ton le plus lumineux, sur un fond de rocher, d'où l'on découvre un bout de ciel avec un lointain de plaines.

V.

VÉRONÈSE (Alex.).

71. T. l. 50, h. 58 pouces.

Le sujet du mariage de sainte Catherine, composition de trois figures. La Vierge tient l'Enfant Jésus sur ses genoux; il est debout, et passe l'anneau dans le doigt de la sainte. Chaque figure de ce sujet a l'expression qui lui convient; l'air de dignité de la Vierge forme un contraste heureux et savant, avec l'air respectueux et reconnaissant de sainte Catherine. Tableau d'un beau coloris et d'un pinceau soigné.

VELASQUES (*Diégo*).

72. T. h. 34, l. 28 pouces.

Un Nègre vu à mi-corps dans un riche costume indien, ayant un carquois attaché à sa ceinture; il tient son arc de la main gauche, et de la droite une flèche. Son attitude et son regard annoncent qu'il aperçoit un objet sur lequel il se prépare à tirer. Cette figure réunit à la fermeté de l'exécution, une force et une transparence de couleur admirables, surtout dans la tête, dont l'expression et le caractère sont de la plus grande vérité.

VOUET (*S.*).

73. T. h. 41, l. 34 pouces.

La Madeleine, le haut du corps entièrement nu, et

les genoux simplement couverts d'une draperie jaunâtre, est assise auprès d'une table où l'on voit un livre, les cheveux en désordre, les mains jointes et appuyées sur une tête de mort; elle a les yeux mouillés de larmes et élevés vers le ciel. Au mérite de l'expression, cette figure joint encore celui de la couleur et de l'exécution.

VÆNIUS (Otto).

74. B. h. 37, l. 27 pouces.

Pilate montre aux Juifs Jésus-Christ, la tête couronnée d'épines et les mains liées. La tête du Christ est d'un beau caractère, et celle de Pilate exprime bien qu'il ne condamne l'envoyé de Dieu que pour obéir à la volonté de César et du peuple. Ce tableau, digne du maître de *Rubens*, d'un bel effet, et bien entendu de lumières et d'ombres, est également d'une couleur brillante et d'une exécution large et facile. On ne peut trouver un morceau plus convenable pour l'ornement des hauts de cabinets.

VOISON.

75. T. h. 18, l. 14 ½ pouces.

Deux tableaux de l'exécution la plus précieuse, et d'un effet piquant de couleur, offrant nombre de fruits et légumes groupés avec art sur des tables de pierre. Tous les détails de ces deux morceaux ressortent sur des fonds de paysages décorés de différens édifices.

VAN-GOYEN.

76. B. h. 10, l. 8. pouces.

Un site de Flandre au bord d'un canal, dont la rive opposée est couverte d'arbres qui ombragent une hutte de pêcheur. Morceau facilement touché.

VAN-DYCK, (de son école).

77. T. h. 26, l. 21 pouces.

Le Christ vu à mi-corps tenant un roseau, et le

regard élevé vers le ciel ; morceau de caractère dont la fermeté d'exécution répond à la vigueur du coloris.

M. VALIN.

78. T. h. 14, l. 12 pouces.

Une Bacchante représentée jusqu'au buste, la tête couronnée de pampre, un sein découvert, et dans le caractère de l'ivresse et de la joie. Morceau aussi gracieux du côté de l'exécution que de celui de la couleur.

DIFFÉRENTES ÉCOLES.

ÉCOLE VÉNITIENNE.

79. T. l. 46, h. 36 pouces.

Une réunion de huit Musiciens ambulans, représentés à mi-corps et faisant de la musique. On y distingue deux femmes, dont une tient un singe et l'autre touche du clavecin. L'air froid et sérieux de cette dernière, qui cependant est la plus jeune, contraste bien avec les différens caractères d'effronterie et de gaîté de ses compagnons. Tableau d'une belle couleur, offrant une scène aussi gaie que naturelle.

ÉCOLE ESPAGNOLE.

80. T. h. 29, l. 24 pouces.

Le sujet plaisant d'un Homme vu à mi-corps, la tête penchée sur l'épaule droite, et dont un gros singe fait la toilette.

Ce tableau, d'une grande force de couleur, d'une entente parfaite de clair-obscur, et d'une exécution large et hardie, a toujours été regardé comme étant de *Velasques*.

MÊME ÉCOLE.

81. T. h. 25, l. 21 pouces.

S. François de Padoue, vu à mi-corps, tenant le

Crucifix devant lequel il est en adoration; sa tête, vue de profil, est d'un beau caractère. Ce tableau se fait remarquer par sa belle pâte de couleur et la fermeté de son exécution.

MÊME ÉCOLE.

82. T. h. 24, l. 18 pouces.

Jeune Homme vu à mi-corps, la tête couverte d'un feutre, dans un habillement brun et portant un bâton sur l'épaule gauche. Morceau d'une couleur vigoureuse.

MÊME ÉCOLE.

83. T. h. 24, l. 20 ½ pouces.

Le Christ, entièrement nu et assis sur une pierre, est insulté par trois bourreaux, dont un à genoux lui présente un roseau. Composition de quatre figures, d'une bonne couleur, et touché facilement en esquisse.

MÊME ÉCOLE.

84. T. h. 21, l. 17 pouces.

Une vieille Femme vue en buste, tenant un livre de musique et chantant. Elle est dans un vêtement noir, le col de sa chemise rabattu, et a les cheveux dans un désordre pittoresque. Cette figure de caractère, largement peinte et d'une belle couleur, est attribuée par plusieurs connaisseurs au pinceau de *Velasques*.

ÉCOLE FRANÇAISE.

85. T. h. 14, l. 11 pouces.

Philoctète assis sur un rocher, ôte le linge qui couvre sa plaie, et paraît effrayé. Un vase, son arc, ses flèches et le reste d'un oiseau, produit de sa chasse, sont les seuls détails qui accompagnent cette figure à laquelle le peintre a su donner beaucoup de caractère. Ce petit morceau paraît la première pensée du même sujet traité plus en grand.

MÊME ÉCOLE.

86. T. marouflée sur bois l. 7, h. 5 ½ pouces.

Un Vieillard qui vient de terrasser un jeune homme se dispose à le lier de cordes. Petit sujet de deux figures d'un dessin correct et d'une bonne couleur.

MÊME ÉCOLE.

87. B. l. 8 ½, h. 6 ½ pouces.

Intérieur d'une Caverne, où l'on voit sur la droite un lion effrayé à la vue d'un serpent. Petit tableau d'une bonne couleur, et dont les détails sont touchés avec goût.

ANCIENNE ÉCOLE FLAMANDE.

88. B. h. 11, l. 8 pouces.

Un Ermite, dans le costume de S. François, représenté à mi-corps et tenant un livre. Sa tête est ceinte d'une auréole d'or. Tableau curieux et d'une belle conservation, que plusieurs connaisseurs attribuent à *Mich. Coxcie.*

ÉCOLE ALLEMANDE.

89. B. h. 29, l. 15 pouces.

Le Mariage de la Vierge, composition de neuf figures occupant entièrement le devant du tableau, dont le fond offre les détails d'un temple de la plus riche architecture. Morceau d'une exécution précieuse, d'une couleur brillante, et d'une conservation qui ajoute à son mérite particulier.

ÉCOLE HOLLANDAISE.

90. B. h. 13, l. 9 ½ pouces.

Deux Militaires en cuirasse avec une écharpe; ils sont debout dans des fonds de paysage près de constructions où sont leurs casques. Portraits d'un précieux fini dans tous les détails, et d'une belle couleur.

INCONNU.

91. T. h. 18, l. 15 pouces.

Un Vieillard vu jusqu'au buste, la tête de trois quarts et couverte d'une toque; il est en regard d'une vieille femme à cheveux blancs. Ces deux portraits sont d'une bonne couleur et d'une exécution facile.

INCONNU.

92. B. h. 12, l. 10 pouces.

Un personnage représenté jusqu'au buste dans un habillement noir, avec collerette et la tête nue.

INCONNU.

93. T. l. 12, h. 8 ½ pouces.

Site au bord d'une rivière couverte d'un pont en briques d'une seule arche, et enrichi de divers monumens et ruines. Petit morceau d'une touche très-spirituelle et d'un ton de couleur agréable.

94. Quelques tableaux, la plupart de l'école française, seront détaillés et vendus sous ce numéro.

FIN.

DE L'IMPRIMERIE DE CRAPELET.

www.ingramcontent.com/pod-product-compliance
Lightning Source LLC
Chambersburg PA
CBHW030107230526
45471CB00003B/1294